AF247159

LA FRANCE

SOUS LE

GOUVERNEMENT DE BONAPARTE.

Potentius ictu fulmineo
Cuncta supercilio moventes.

H.

PAR J.-G.-M.-R. DE MONTGAILLARD.

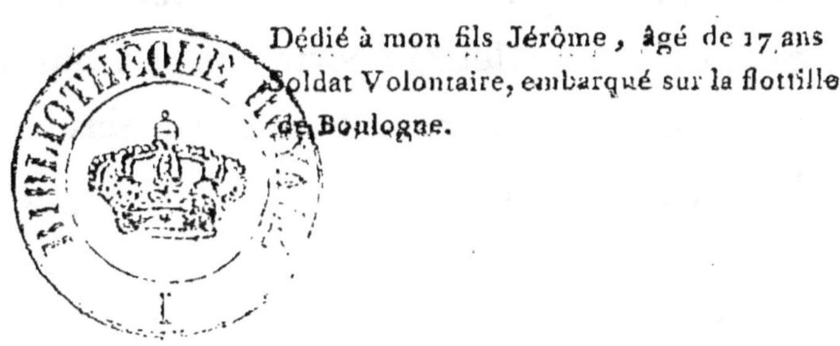

Dédié à mon fils Jérôme, âgé de 17 ans
Soldat Volontaire, embarqué sur la flottille
de Boulogne.

A PARIS,

DE L'IMPRIMERIE DE CUSSAC,
Rue Croix des Petits-Champs, n°. 33.

AN XII.

AVANT PROPOS.

Je veux essayer de montrer dans cet opuscule, les dangers auxquels le Gouvernement Français a arraché la France; à quel degré de prospérité et de bonheur l'Empire peut prétendre sous cette grande administration.

Je veux essayer de prouver, sommairement, l'intérêt qu'ont les Souverains et les Peuples de l'Europe au maintien du Gouvernement Français; combien il leur importe que ce Gouvernement repose désormais sur un base inébranlable, héréditaire et *sacrée*.

Il faut jetter un coup-d'œil sur la position où se trouvoit la France il y a quelques années, si l'on veut apprécier la situation dans laquelle le Gouvernement de Bonaparte a placé cet empire. Quoique les Français soient encore trop près de leurs erreurs pour oser les envisager, il peut être utile d'en rappeler la mémoire. Ce souvenir est douloureux ; mais le calme s'embellira de toutes les horreurs de la tempête, et nous jouirons à-la-fois de nos maux et de nos espérances.

SECTION PREMIERE.

Depuis trente ans, une véritable révolution s'étoit opérée dans les idées, elle annonçoit un grand changement dans les choses ; toutes les circonstances tendoient à opérer ce changement. Il y avoit encore une noblesse en France, mais il n'y avoit plus de nobles ; la noblesse avoit perdu son utilité ; les nobles avoient renoncé à leur réputation ; le clergé avoit cessé d'être pieux pour être riche ; les grands seigneurs étoient devenus des intrigans ; les princes rendoient leur naissance et leurs vices également inexcusables ; les compagnies de justice ne savoient défendre que leurs prérogatives ; les actes arbitraires étoient par-tout, le despotisme se perdoit dans les détails,

A

et ne savoit point agir. La cour étoit dissipatrice, et elle étoit pauvre ; elle demanda des conseils et de l'argent : les esprits se réveillèrent, le monarque trembla , les grands de l'Etat n'eurent de courage que pour fuir , et l'autorité royale consentit à dépendre de l'opinion publique. Dès ce moment , le prestige de la force s'évanouit, et une Assemblée nationale parût.

Quelques hommes fameux occupoient déjà la renommée ; leurs vices et leur ambition donnèrent aux esprits une direction fausse ; et l'on vit le plus méprisable des princes, et le plus inepte des étrangers , gouverner, en quelque sorte, un état dont ils faisoient la honte , et dont ils avoient causé les malheurs.

L'Assemblée de la Nation offroit de grands talens, et des hommes d'un mérite rare. Ce fut long-temps une des plus brillantes Assemblées de l'Univers. Mais, malheureusement la Nation française étoit, de toutes les Nations connues, celle où il y avoit moins de lumières politiques ; elle étoit encore la moins préparée à goûter la liberté, à se réunir pour délibérer sur les affaires publiques. Aussi l'enthousiasme du peuple fût-il porté jusqu'au délire !

Ses premiers représentans voulurent opérer le bien ; ils s'égarèrent à l'entrée de la carrière, et d'une manière funeste pour eux et pour l'Etat. Ils traitèrent le peuple français comme un peuple qui se réunirait pour la première fois en société ; ils anéantirent le pacte social antérieur, et cette violation opéra la destruction du corps politique.

Ils oublièrent, sans doute, combien il est difficile de donner une constitution nouvelle à un peuple qui a parcouru tous les dégrés de la sociabilité, et qui a vieilli dans le luxe et la corruption qui en est la suite inévitable : ils oublièrent qu'on ne rajeunit pas plus les empires que les hommes. On les soutient, on prolonge leur existence ; et autant une sage réforme peut opérer de biens, autant la plus utile des innovations doit causer de maux, lorsqu'elle n'est pas dirigée avec tous les ménagemens qu'exigent le siècle, l'esprit et les mœurs d'une Nation.

Peu d'esprits savoient, alors, que le droit de propriété est le fondement du corps social; il en est l'essence et l'origine. Ce droit est au-dessus de la liberté même; car, pour établir le droit de propriété, les hommes ont été forcés de sacrifier une portion de leur liberté; la propriété est le vrai fondement de la vie civile, le plus sûr garant des engagemens du citoyen : elle répond des personnes et des volontés.

L'assemblée *Constituante* parut ignorer, ou elle ne respecta pas cette éternelle vérité; et l'esprit des métaphysiciens exerça librement ses ravages sur la législation : ici, commencèrent les malheurs du peuple Français! le grand danger de la métaphysique est, qu'en toutes choses, elle saisit les principes les plus généraux et les plus élevés et s'y attache obstinément. Les métaphysiciens n'admettent que des lois géométriques, ils ne reconnoissent point de lois

de convenance. Tout est absolu chez eux, et par-
conséquent arbitraire : ce sont les spartiates de la
législation, et ils tuent les ilotes quand ceux-ci ne
peuvent les agrandir.

Ce n'est pas dans la métaphysique, dans les académies, qu'il faut chercher les bases d'un bon gouvernement et les principes de la politique ; c'est
dans la nature de l'homme, c'est-à-dire dans l'histoire de ses passions : car, les passions de l'homme
ont été et seront toujours les mêmes.

Dans les sciences politiques, la pratique doit être
reine; la théorie doit être esclave.

On se trompe grossièrement, lorsqu'on pense que
la liberté, l'égalité, la justice, sont des droits im-
prescriptibles accordés par la nature; ce sont des
bienfaits de la société, c'est-à-dire de la loi. L'iné-
galité ou, pour mieux dire, la force et la foiblesse,
l'injustice, la violence sont des conditions insépara-
bles de la nature humaine; elles existeront aussi
long-temps que la nature, et c'est pour les coriger
que le contrat social a été établi.

Ce n'est donc qu'avec les plus grands ménagemens qu'il faut toucher aux lois fondamentales d'un
corps politique, quelques vicieuses qu'elles soient.
L'Angleterre montre une grande sagesse, en ne chan-
geant pas le mode de sa représentation ; mode défec-
tueux, aujourd'hui, et même absurde à certains
égards. Cette constitution, si heureuse pour cette
île, cette constitution où les pouvoirs sont si heureusement balancés, a autant contribué peut être,
que l'acte de navigation, la création de la banque

et la fausse politique des puissances de l'Europe, à donner à ce petit empire la souveraineté de l'Inde, la supériorité des mers et la prépondérance dans le systéme politique; trois choses que la nature lui refusoit également.

En 1788, lors de la maladie de Georges III, avec quelle profonde et mélancolique vénération, les membres du parlement discutèrent la maladie du roi! Avec quel religieux intérét, ils en informèrent la Nation! Comme ils présentèrent toujours les malheurs de l'humanité et jamais sa dégradation! Avec quelle sainte ferveur ils demandèrent au ciel le gouvernement et les vertus de leur roi, et quels nobles transports ils firent éclater lorsque le ciel eut exaucé leurs vœux !...

Ces temps de l'histoire d'Angleterre sont beaux; ils sont honorables pour les ministres, pour la Nation. Ils font l'éloge du peuple, de la constitution politique qui le gouverne, et de l'autorité tutélaire qui conserve sous son abri les prérogatives et la dignité de la Nation anglaise.

Les mêmes circonstances se sont reproduites; mais elles n'ont pas présenté la même bienséance de conduite, les mêmes sentimens pour la personne royale, le même amour pour l'État, tant est grande l'influence de seize années de décadence morale et des plus violentes passions qui ayent jamais agité une Nation et un Gouvernement! Je reviens à l'assemblée Constituante.

Les députés du peuple Français détruisirent beaucoup d'abus, renversèrent beaucoup d'obstacles, préparèrent d'excellens matériaux ; mais déjà les choses gouvernoient les hommes, et l'assemblée se trouva placée, par ses craintes autant que par ses espérances, dans la nécessité de faire de mauvaises lois : elle se vit forcée de mettre tout en péril, sous ses propres yeux, et de donner, contre son dessein, une licence effrénée aux législatures suivantes.

L'enthousiasme avoit tout détruit ; il avoit rasé, jusqu'aux fondemens, les remparts de l'autorité royale ; et, quoique toutes les institutions monarchiques se liassent fortement aux habitudes morales et physiques de la Nation Française, ces institutions avoient cédé au premier choc, et la place étoit demeurée vide.

Je parle des effets, il n'entre pas dans mon sujet de rechercher les causes secondaires.

Alors tout fut bouleversé dans l'Etat. Le Gouvernement devint étranger à son administration : le peuple, appelé tout-à-coup à la liberté, la confondit avec la licence ; et ses mandataires, en méconnoissant les limites, dans lesquelles doit être renfermée la liberté, enfantèrent l'anarchie.

Montaigne dit admirablement bien, « il faut tout » faire pour le peuple et rien par le peuple ». Ce peu de mots renferme plus de bon sens et plus de science politique que tous les écrits de Voltaire et de Rousseau ; deux écrivains, qui par l'éclat de leur renommée et la funeste impression de leurs écrits, ont été à-la-fois l'orgueil, la honte, et le fléau de la nation Fraçaise.

Les lois, loin de punir les criminels, ne servirent qu'à protéger les crimes. Elles devinrent innombrables, et leur interprétation fut plus fatale encore que leur nombre. La mauvaise foi des temps, l'injustice des ordonnances, la multiplicité des supplices furent sans bornes. Des monstres parurent; ils grandirent, ils régnèrent; et les rênes de l'Empire français tombèrent dans les plus viles mains.

Toutes les propriétés furent envahies; il n'y eut pas une fortune qui ne fut ruinée, chancelante ou suspecte. Les liens sociaux furent dissous, la nature perdit ses droits, l'ingratitude et la délation se trouvèrent placées au rang des devoirs; les tribunaux flétrirent la vertu, et les actions infâmes obtinrent les récompenses de l'honneur.

Le courage, un généreux dévouement étoient devenus le partage du sexe le plus foible; l'homme offroit sa tête aux bourreaux, et sembloit ne s'être réservé que le droit de lasser leur patience.

On vit de toutes parts les instruments de la servitude avec le simulacre de la liberté. On réussit à déshonorer le titre de citoyen; on parvint à proscrire le nom de Dieu. Il n'exista plus de repos, de sommeil, de parens, d'amitiés dans toute l'étendue de la France : cet état devint l'empire de la mort; la loi émit ce vœu, et la mort fut dépouillée de ses consolations, de son avenir, de ses tombeaux.

L'impunité et le scandale de ces temps furent si prodigieux qu'il devint plus facile de mourir que de vivre; et tant de personnes avoient été condamnées, que chacun crut se survivre à lui-même, lorsque les proscriptions cessèrent.

Il n'est point de fléau qui ne produise quelque avantage : la Convention Nationale sauva la France, en menaçant d'engloutir le monde. Le délire avec lequel elle épuisa toutes les ressources, le désespoir et la misère auxquels elle réduisit les Français, sont des phénomènes nouveaux dans l'histoire de l'homme. Il falloit des phénomènes pour surmonter nos malheurs et notre honte, pour résister au Ministère Britannique, ce fidèle instigateur de nos troubles, ce père nourricier de tous nos crimes.

L'homme impartial reconnoît qu'il a existé dans la Convention des députés vertueux, sensibles et pleins d'honneur. Cette assemblée posséda quelques hommes éloquens, un petit nombre d'esprits supérieurs, beaucoup de citoyens probes; et si plusieurs d'entre eux conservèrent assez de sagesse pour garder le silence dans un temps, où les passions les plus exaltées avoient seules le droit de faire entendre leur voix, on doit les remercier d'une résignation qui a laissé à la France de bons magistrats et des hommes sages, dont aujourd'hui l'expérience et la modération sont utiles à notre bonheur.

Au milieu de ces horribles, de ces interminables convulsions; l'honneur français, réfugié sous les drapeaux, s'y conserva pur et intact. Les soldats de la *République* furent, dès leur première campagne, les soldats de *Duguesclin* et de *Turenne*; avec le besoin de la valeur ils en contractèrent l'habitude. Leur réputation fit bientôt leur principale force ;

ils ne connurent plus d'obstacles, ils domptèrent les besoins, bravèrent tous les climats, surmontèrent toutes les privations, et n'eurent souvent que leurs lauriers pour se couvrir. Telles, et si ivincibles furent ces armées que, si en l'an 8, le gouver. nement Français n'eut pas eu assez de modération pour arrêter leurs victoires, l'Europe seroit aujourd'hui conquise par ces légions, dont elle se partageoit le territoire !

Cependaut la fortune militaire de la République demeura long-temps incertaine. De mauvais succès, des défaites sanglantes, des lois tyranniques, de grandes défections laissèrent les esprits en suspens. Chaque campagne et chaque session légative aggrandissoient, illustroient, perdoient la République. L'Europe s'étoit armée contre la France ; et la France, attaquée sur toutes ses frontières, étoit déchirée dans son sein par une guerre sacrilège et impie, qui annonçoit la dissolution du corps politique.

Il sembloit que la providence tînt en réserve, pour un seul homme, le pouvoir et la gloire de sauver la République française et de fixer le sort du monde; car, jusqu'au moment où cet homme nous fût donné, les Français pouvoient tout espérer, mais ils étoient réduits à craindre tout, au-dehors comme au-dedans de leur empire.

Depuis cette époque, l'armée et la Nation française ont la plus étonnante, la plus belle des histoires,

Un jeune officier est nommé général, et à peine trouve-t-il une armée ! il compose, il réunit, il arme ces bataillons : il marche, et il remporte des victoires qui remplissent l'Europe de son nom, dans un âge où César n'étoit connu à Rome que par la grandeur de ses dettes et l'énormité de ses déréglemens. Il s'avance ; l'Italie est conquise, ses peuples sont rendus à la liberté. Plus généreux que la fortune, il dédaigne d'écraser les Rois quand il les a vaincus ; son génie donne aux armes françaises tout l'éclat de la véritable grandeur. Il signe la Paix du continent, et, fidèle citoyen de la République, il revient jouir modestement de sa gloire, et remplit les vuides de la guerre comme auroit fait Xénophon.

L'irréconciliable ennemi de la France ne vouloit point poser les armes ; le général Bonaparte va l'attaquer aux portes de l'Orient ; et comme si l'Europe n'étoit pas assez vaste pour le contenir, ce général fonde, en Egypte, une colonie de héros et de savans, réservés à délivrer l'Afrique et l'Asie du double joug de l'ignorance et du despotisme.

L'Egypte, subjugée lorsque le général Bonaparte y descendit ; l'Egypte fut perdue, lorsque ce général s'en éloigna. Il ne put laisser que son nom à l'Egypte pour garant de son indépendance. Son nom inspiroit ses braves lieutenans ; mais, il étoit absent, et c'est ainsi que sa présence a par-tout redressé la fortune, et a fixé par-tout les destins de la France.

Ce général avoit laissé la République victo-
rieuse d'une grande coalition, la liberté triom-
phante de tous les partis , la France un objet
d'admiration pour tous les peuples ! il apprend
que la République est menacée par une coalition
immense, que la liberté est attaquée par toutes
les factions, que la France est devenue un objet de dérision pour les généraux qu'il a vaincus !
il s'embarque avec une hardiesse et des dangers
nouveaux, il trompe, une seconde fois, la sur-
veillance des Anglais, sur une mer couverte de
leurs pavillons ; il est rendu à sa patrie

Cette joie si grande , si libre, si universelle
qui signale son retour, est la joie du peuple
Romain , à la vue de Germanicus.

Le jeune Héros vient pour triompher des factions et des guerres civiles. Il paroît, et les ja-
lousies funestes, les trahisons obscures se dissipent.
Il retrouve ses capitaines , ses invincibles soldats ;
tous brûlent de se ranger sous ses étendarts. Il
envisage la grandeur de nos maux , il ose exécuter
ce que lui seul étoit en droit d'entreprendre. Son
génie lui est fidèle. Ce gouvernement , qui avoit
fait trembler l'Europe , est renversé d'un souffle ;
la France bénit les succès du conquérant , et le 18
brumaire , qu'à bon droit on peut appeller la
journée du *pacte social*, vient préparer un nouvel
ordre de choses, et jetter les premiers fondemens
d'un grand empire.

La France n'étoit que sauvée ; il falloit lui
donner la paix ; il falloit rappeler la victoire sur
les rives du Rhin et sur celles du Pô. Le Premier

Consul quitte la capitale, ouvre à son courage une route nouvelle, escalade ces boulevards dont la nature a ceint les fertiles campagnes de la Lombardie. Ces monts, ces abîmes éternels, ces fleuves, dont la conquête eut suffi à la gloire d'Annibal, sont franchis dans un instant, et une jeune armée de Français parvient jusqu'à la région des orages et de la foudre. Ils se précipitent sur l'Italie, et l'Italie entière est conquise pour toujours!

Les batailles d'Arbelles, de Pharsale, d'Actium, d'Hastings, n'avoient point eu des intérêts aussi grands à décider. Le monde etoit alors dans son enfance, s'il est permis de se servir de cette expression. La découverte des deux Indes, le mariage des deux continents, ont aggrandi, depuis, la terre et les mers; et c'est aujourd'hui que l'Univers n'a plus rien à dérober à l'ambition des hommes.

L'Europe est vaincue; le Premier Consul se hâte de lui offrir la paix.

Jusqu'ici, ce conquérant n'a point de modèle, et il va devenir celui des pacificateurs et des législateurs.

Il détermine les limites de la République en homme de guerre qui connoît ce qui fait les bonnes frontières, comme un savant bien instruit des anciennes possessions, comme un habile négociateur qui sauroit faire valoir tous ses droits:

La journée du 18 brumaire était une lueur d'espérance pour tous les gens de bien : aussi, les présages les plus certains et la force la plus juste lui ga-

rantirent bientôt cette consistance, qui réalise
tous les succès, et dissout toutes les oppositions.
Le général Bonaparte avoit commencé en héros,
le Premier Consul continuera en grand homme.

En prenant en mains les rênes de l'Etat, le
Premier Consul trouva un peuple divisé en
factions. De longues dissentions avoient dégradé
la morale publique, avoient introduit la corruption, et façonné les esprits à toutes les sortes
de servitude. Il osa concevoir le dessein de faire
le bonheur de ce peuple, de le forcer à être
sage, libre, tranquille ; et les différentes victimes
des différens partis virent en lui, le même jour,
un juge incorruptible, un vainqueur généreux et
un père indulgent.

Sans doute il étoit, dès ce moment, au-dessus de
toute comparaison, comme de toute jalousie! mais
n'a-t-il pas donné l'exemple d'une modération unique et presque dangereuse, dans des circonstances
si difficiles? Né dans une condition privée, n'en a
t-il pas gardé constamment les qualités, n'en a t-il
pas oublié les passions et les ressentimens? Ses premiers vaisseaux n'ont-ils pas traversé les mers, pour
ramener les proscris dans leur patrie? Les terres les
plus lointaines n'ont-elle pas rendu sans crainte les
fugitifs et les victimes? Qui a paru désirer sincère-
ment d'être Français et n'a pas revu sa terre natale?
Non, les premiers empereurs n'offrirent, dans aucun temps de leur regne, un homme plus modéré!..

Toutes les lois émanées, depuis le 18 brumaire,
prouvent que cet homme a long-temps médité sur

les institutions politiques. Il n'a pas craint de reconnoître qne les lois doivent être *plantées* dans la religion; et que les lois ne sont ce qu'il y a de plus saint sur la terre, que parce que le principe religieux est la source d'ou découlent toutes les vertus et d'où dérivent les mœurs domestiques et civiles.

Il savoit que pour constituer un bon gouvernement, un gouvernement durable, il faut des institutions démocratiques, des autorités et des fonctions aristocratiques, une unité et une fixité d'action qui *contiennent* réciproquement les principes et les pouvoirs, qui les forcent à développer tous les avantages du régime républicain et du régime monarchique, à en éviter l'anarchie et le despotisme; car, si l'esprit de la liberté est absolument démocratique, l'esprit de la propriété est essentiellement aristocratique; et c'est sur la propriété qu'est assise la liberté politique, et que repose le contrat social : aussi, l'acte constitutionnel de l'an 8, contient-il déjà toutes les semences de ces principes conservateurs.

« *Regali, optimo et populari, modice confusa* », dit Cicéron. « *Populus, priores, singuli... de* » *lecta exhis* », dit Tacite.

Les lois des Germains, et toutes les lois anglaises, dérivent de ces deux sources.

La composition des collèges électoraux et des listes d'éligibilité, est la base du repos de la France, et la plus forte preuve, que le Premier Consul pût donner aux Français, de son affection pour eux. Aussi, tous les propriétaires se sont rangés du côté du gouvernement, avec une sincérité qui lui répond de tous leurs vœux.

Chacune de ses lois a été jusqu'ici un bienfait ; chacun de ses actes a réparé un malheur ; et, dans les choses qui ne sauroient avoir de dédommagemens, il a consolé l'affliction. Il n'est pas une seule famille en France, avec laquelle le Premier Consul n'ait, pour ainsi dire, *causé* de ses infortunes ; et il s'est empressé de les calmer toutes, en rendant à chacun le culte de ses pères.

L'athéisme est un vice honteux et barbare, qui détruit la dignité et les consolations de l'homme ; l'immortalité de l'ame est la plus noble perspective de la vertu, son soutien, sa nécessité.

Le général Bonaparte avoit fait, en Italie, un acte bien grand. Il s'étoit refusé l'entrée de Rome ; il avoit baissé les drapeaux de la République devant les vertus du souverain Pontife : la première réparation offerte par le Gouvernement consulaire, devoit être pour le ministre d'un dieu de paix. Bonaparte fit rendre à cette auguste et sainte victime, tous les respects de la postérité ; et ce même jour, il diminua les horreurs de la guerre, et en abrégea la durée.

En rendant à la France ses autels et leurs ministres, Bonaparte a posé les bases de la tranquillité publique. L'édit de Nantes et sa révocation sont sagement effacés, le Concordat devient le plus beau monument que puissent desirer la tolérance, la religion, la philosophie et la politique. Il rend impossibles les guerres de religion , il prévient toutes les querelles : Fénélon et Bossuet ne se brouilleront plus pour des questions subtiles et délicates; l'histoire des papes sera aussi paisible que leur ministère, aussi bienfaisante que leur religion.

Qu'il est consolant de s'arrêter sur cette partie de l'histoire ! Bonaparte est à peine assis au gouvernement qu'il s'attache à rallier tous les partis , à calmer toutes les haines, à éteindre toutes les divisions. La morale et l'éducation domestique fixent ses inquiétudes et ses soins. Il sait que la véritable morale a sa racine dans le cœur, et n'est pas une vaine spéculation de l'esprit; que rien n'est cruel comme un peuple corrompu ; il sait qu'il n'y a pas de lois , pas même de lois religieuses, qui puissent suppléer aux mœurs, dans leurs rapports avec le maintien du Gouvernement. Aussitôt il rend aux liens du mariage toute leur sainteté ; il veut que le divorce soit environné , dans l'ordre civil, de toutes les formes , de toutes les précautions, de toutes les difficultés propres à rassurer le timide objet de nos vœux. Il conserve aux pères une grande autorité sur leurs enfans, il consacre la libre disposition des héritages et des propriétés, il accorde une grande considération à tous les devoirs domestiques , parce que sans ces devoirs, il n'existe plus ni lois, ni mœurs, ni cité, ni société. Il délègue le gouvernement militaire, l'administration civile des départemens à des hommes pleins, en grande partie, de ces principes sages et réparateurs; pénétrés, pour la plupart, de ces maximes libérales et généreuses qui concilient l'affec-

tion

tion et inspirent la confiance , qui achèvent l'ouvrage de la force et impriment aux lois un caractère
auguste.

Dans le long orage de la Révolution , toutes les
passions avoient été soulevées du cœur de l'homme
avec plus de violence que ne le sont les flots de l'O-
céan dans la saison des tempêtes. Le gouvernement
Consulaire est venu imposer silence à toutes les factions, comprimer tous les desseins , et présenter aux
factieux une force et des lois également insurmon-
tables. C'étoit le premier moyen de salut : car la
surface de l'Océan révolutionnaire, comme celle
des mers , reste encore long-temps agitée après que
les vagues sont rentrées dans leur lit.

Il falloit user , plutôt que détruire , les factions ;
il falloit fondre ensemble toutes les passions et toutes
les fautes. C'est dans l'exécution des mesures qu'é-
clate le talent politique du premier Consul. Il a trouvé (pour s'exprimer ainsi), le joint des intérêts
particuliers et du patrimoine de chacun ; en réunissant tout le monde par les mêmes nœuds et avec la
même gloire , il a prouvé qu'il ne vouloit pas plus
tromper qu'il ne pouvoit être trompé.

Le gouvernement Consulaire à tout préparé pour
tarir la *source* des calamités publiques et particu-
lières : il a mis les lois entre le peuple et les impôts,
entre le fisc et ses vampires, entre les éternelles dis-
cussions des esprits factieux et la sage éloquence
des esprits réfléchis, entre la ruine de la République
et sa restauration.

Il n'y a pas quatre ans , la France et les Français

gémissoient sous le poids de circonstances qu'on pouvoit regarder comme désespérées. Toutes les ressources étoient dissipées, la marine étoit détruite, le commerce étoit ruiné, les manufactures étoient anéanties, la lassitude étoit générale, l'appauvrissement extrême, l'esprit public nul.

Depuis quatre ans, cent familles séparées d'elles-mêmes se sont réunies dans leurs regrets et dans leurs espérances ; des fondations respectables ont été faites ; les hospices sont redevenus les asyles sacrés du malheur et des infirmités ; la confiance et la paix ont reparu parmi nous ; l'honneur et la vertu ont fait entendre leur voix ; la licence a été ramenée sous le frein des lois ; le vice a été exilé de nos institutions ; les chaumières sont reconstruites ; la flamme a cessé ses ravages ; la guerre civile a été détruite jusque dans ses racines ; la sureté a été fixée sur nos grandes routes, dans nos cités, dans nos familles.

Au dehors, le gouvernement a déja rendu à la France son rang, sa dignité, ses forces. Maintenant il va faire de la France le premier empire, l'Etat le plus sagement et le plus fortement administré de l'univers.

Mais il est dans la nature du cœur humain de ne savoir évaluer que le mal ; le bonheur ne se calcule pas. D'ailleurs, l'histoire de l'esprit humain est, comme celle des familles, une succession de pensées et d'actions disparates, opposées, qui s'engendrent les unes des autres et produisent tous les changemens, toutes les vérités et les erreurs dont ce monde est le théâtre.

Qu'on songe donc un moment aux dangers qu

la révolution offroit de toutes parts, il n'y a pas
encore cinq ans ! Qu'on se rappelle cet amas de
ruines, de crimes et de fautes, dont une seule ne
sauroit cependant être attribuée au gouvernement
actuel ! Certes, il falloit un effort sublime de caractère et de patriotisme, pour accepter un tel héri-
tage, pour se dévouer au bonheur d'une nation qui
désespéroit elle-même de son repos. Un homme l'a
osé, et cette nation a recouvré sa tranquillité.

La justice reprend toute la dignité de son caractère ; ses fonctions deviennent chaque jour plus
augustes. Les tribunaux se composent d'hommes
vertueux et éclairés. Le grand corps, qui les sur-
veille, possède déjà une réputation distinguée ; et
le magistrat, investi de la suprématie des lois, ne
leur laisse aucune garantie à désirer.

Une police sévère, mais équitable, veille à la sureté des individus. Cette police est telle, qu'elle agit
par-tout et que son action est par-tout insensible.
Les méchans sont toujours assurés de la trouver et
l'homme de bien ne l'apperçoit nulle part. Elle igno-
re ce qu'elle ne doit pas savoir ; elle réprime les
abus nuisibles, elle tolère les abus nécessaires : tel
est ce ministère, dont la vigilance ne doit jamais
cesser, dont la main invisible doit s'étendre de
toutes parts, et qui répond à des millions d'hommes de leur subsistance, de leurs plaisirs et de
leur sommeil.

La discipline militaire a acquis toute la sévérité
qu'elle doit avoir pour ne laisser aucune crainte à
l'artisan et au laboureur, aux villes et aux campa-

gnes. La politesse française s'introduit dans les ré-
gimens. Le corps des officiers mérite toute la considération dont il jouit. Ils se respectent dans leurs
ennemis, parce qu'ils ont la véritable valeur, et leur
modestie en général n'est pas un des moindres bienfaits de l'ordre actuel de choses : nos guerriers par-
lent peu de leurs victoirs, ils ne renoncent plus à
à être aimables et ils commencent à nous prouver
que la simplicité est inséparable du vrai mérite.

Un homme sans éducation et sans talens ne re-
vêt plus la pourpre. On ne dépouille pas l'orphelin,
on ne ruine pas la veuve. L'ordre s'établit peu à peu
dans les finances, la dette de l'Etat se trouve placée
à la tête de ses dépenses ; la confiance publique re-
naît ; les transactions privées acquièrent une certaine probité ; les banqueroutes cessent d'être des
privilèges de fortune et deviennent des délits pu-
blics ; les canaux et les ports se creusent et se cons-
truisent, des établissemens utiles sont commencés
ou indiqués dans tous les Départemens, les écoles y
offrent enfin des instituteurs recommandables. Les
sciences, ce délassement si noble, ce majestueux
ornement de la puissance, les sciences se pressent
autour du Gouvernement français : elles reçoivent
de lui une protection, un éclat qui assurent leur
utilité et previennent les dangers dont elles sont
suivies ; car, le philosophisme vient toujours après
les Belles-Lettres, et celles-ci affoiblissent toujours
les mœurs. La langue française reprend la clarté,
l'élégance et la précision qui la caractérisent. Le
siècle de Louis XIV, si prodigue de chefs-d'œuvres

littéraires, avoit donné à cette langue la prééminence sur toutes les langues modernes. Les lettres provinciales et Athalie suffisoient pour l'assurer ; les victoires des Français ont fait de cette langue celle de toutes les Nations. Les théâtres s'épurent, le bon goût cherche à se dégager des entraves de la barbarie et de la corruption : un nouvel Aristarque défend notre littérature ; il donne, en se jouant, des leçons aux académies, aux auteurs dramatiques, au peuple des écrivains, dans ce siècle ou la maladie de l'esprit humain est de faire un livre ; il nous fait espérer que ce bisarre mépris du bon qui a distingué notre âge, cédera aux agrémens et au véritable esprit de la société, et que nous retrouverons l'art de la politesse.

La ville des Rois *étoit de Brique*, le Gouvernement *laissera de marbre* la ville des Français. Ces embellissemens, ces places publiques, cette salubrité, cette grandeur, les chefs-d'œuvre de l'Italie, les productions de tous les arts, les monumens de toutes les sciences, ees jardins somptueux et ce premier palais de l'univers, enfin *achevé :* tant de difficultés vaincues et tant d'améliorations consommées attesteront aux générations suivantes la majesté du gouvernment du 18 Brumaire.

Ses soins ont été constamment dirigés vers la restauration de l'agriculture et du commerce. Le gouvernement a sçu placer à la tête des différentes branches de l'administration publique les talens, l'expérience et surtout cette sagesse qui préserve de grandes erreurs.

B 2

Quel est le gouvernement en Europe qui offre déja à la confiance et à la tranquillité publique des gages plus forts et plus nombreux que le Gouvernement français ? ou cherchera-t-on une activité, des connaissances plus vraies que celles des hommes qu'il sçait choisir et employer à ses vues ? ou trouvera-t-on des hommes réunissant plus de probité et de bonnes intentions, des hommes mieux instruits et plus éloquens ? Quel est le *Français*, qui ne soit pas honoré d'obéir au génie, à la victoire, à la sagesse ? Quel est celui qui peut regretter de bonne foi (ou sans s'avouer coupable d'un égoïsme mal entendu) le Royaume de France ; ce royaume si totalement dissout dans ses princes (1), ses institutions

---

(1) Si l'on étudie l'histoire de France on ne peut s'empêcher de remarquer que la Maison de Bourbon régnante en France se partageait en quatre branches dont chacune sembloit avoir un caractère propre et distinct.

La branche régnante offroit de la franchise, de la bonhomie, de l'esprit, et manquoit totalement de caractère. L'intrigue, et une politique aussi sourde que licencieuse, étoient l'apanage de la maison d'Orléans. La valeur et la nullité politique appartenoient à la branche de Condé ; la dévotion et le goût de la représentation sembloient être réservés à celle de Conti.

Depuis Henri IV, ces applications sont aussi frappantes qu'exactes, si l'on en excepte Louis-le-Grand, qui eût par-dessus tous l'art de connoître les hommes et celui de savoir les employer.

Si l'on étudie la Révolution françoise, on reconnoîtra qu'aucun des Princes de ces quatre branches n'a les

et ses propriétés, que l'impossibilité de sa renaissance est complette, absolue, et que son rétablissement deviendroit mille fois plus funeste que ne le fût
sa destruction ? Et quel est enfin l'homme en *Europe*, qui oseroit succéder à Bonaparte, si ce n'est
l'homme qui apprendra de lui à gouverner !...

Sans doute, je le répète, il reste beaucoup de
choses à faire non pas pour la gloire, mais pour
le bonheur des Français. Accoutumés à vivre de
prodiges, n'oublions pas cependant, qu'il faut
user de certains ménagemens envers les plus mauvaises lois ; et qu'il faut autant de prudence que de
force pour réparer de certains maux : n'oublions
pas qu'un instant suffit pour tout détruire, et que
les siècles sont quelquefois insuffisans pour recréer.
Les jours de Bonaparte sont des années de Rois ;
demandons à la providence une grace, celle de
prolonger ces jours jusqu'à la dernière vieillesse.

Sous aucun des règnes de la Monarchie, le Commerce, l'Agriculture et les Manufactures n'ont
espéré de plus nobles et de plus forts encouragemens ; et si les vues libérales du Gouvernement
n'ont pu recevoir encore leur exécution, n'en fautil pas rechercher la cause déplorable dans les lâches
intrigues du Ministère Britannique ? Un prince
anglais n'a-t-il pas eu l'inconcevable courage de

talens nécessaires pour commander ; qu'aucun ne possède
les premiers élémens de la Science du Gouvernement ; et
que tous ensemble, fussent-ils réunis par les liens d'une
affection sincère, ne seroient pas en état de gouverner
la France pendant huit jours.

présager les incendies et la dévastation de Saint-
Domingue ; Son Ministère ne nous refuse-t-il pas,
au mépris des traités, ces isles, ces ports, ces rades
qui doivent protéger nos marchands ? Ne sème-t-il
pas les embûches sur tous nos pas, les espions dans
tous nos ports, les crimes sur toutes nos frontières ?
Ne repousse-t-il pas, par le fer et par le feu, une
paix honorable, une paix nécessaire aux intérêts
du Peuple Britannique, une paix devenue l'objet
des vœux de tous les vrais Anglais ? N'attaque-t-il
pas enfin la société toute entière dans les jours du
Premier Consul ?

Je m'arrête. Ce court exposé doit porter la con-
viction dans tous les esprits. Il n'est point de
Français qui ne doive être assuré aujourd'hui,
que si Bonaparte abandonnait les rênes de la
République, si son ouvrage s'écrouloit, s'il était
enlevé à la Nation Française, la Nation serait en
proie à toutes les calamités, la République serait
anéantie, son territoire seroit peut-être démembré,
ses Citoyens seroient égorgés, et tout retomberoit
dans le cahos d'une nouvelle nuit. De cette convic-
tion, résultent la nécessité et le devoir de faire au
sauveur de la France un bouclier de nos corps, de
verser notre sang pour le défendre : *Nous défen-
drons notre Dieu, nos familles et nos vies !*

Mais ce qui n'est ni moins nécessaire, ni moins
urgent, c'est la garantie de l'avenir. La France est
unie à son Gouvernement : c'est de cette union
qu'elle retire assez de confiance et de forces pour se
laisser aller sans crainte et sans faiblesse au cours

de ses destinées ; mais il ne faut pas que cette union soit artificielle, arbitaire, accidentelle et caduque: La France est une Nation éternelle ; il ne faut pas que son Gouvernment puisse périr ou changer ; il faut qu'il se reproduise comme elle, par cet ordre admirable de succession qui conserve et perpétue tout ; qui, avec des individus d'une existence bornée, forme des espèces immortelles ; avec des générations conserve l'invariable nature de l'homme, et avec des siècles compose l'histoire du genre humain.

SECTION SECONDE.

Examinons maintenant si l'Europe n'est pas fortement intéressée à la conservation du Gouvernement Français.

Le traité de Wetsphalie avoit fondé en quelque sorte le droit public des Puissances de l'Europe ; il avait assigné à chacune son rang et son influence politique ; et la France était devenue le premier garant de cette association d'états, d'intérets et de religions diverses.

La France préservait la République d'Allemagne de la domination presqu'inévitable d'un Chef. Elle fermait à la Russie le chemin de l'Empire d'Orient ; elle forçait la Prusse à craindre que cette importance, qui lui avait été acquise par le génie d'un grand Roi, ne résistât pas aux torts ou à la faiblesse d'un long règne ; elle sauvoit l'Espagne de son inaction, de ses regrets, de ses trésors ; elle balançait le trident de l'Angleterre, et conservoit à la Hollande son heureuse richesse et ses mers. La France faisoit respecter la Suède et le Dannemark, et elle assuroit à une foule de petits Etats, une protection suffisante pour couvrir leur foiblesse contre la rapacité des grandes Puissances, sans exciter une jalousie qu'elle seule n'avait pas à craindre.

Le marquis d'Orméa, homme d'état, disait avec vérité : « Tant que le Cabinet de Versailles ne fera « pas de fautes, il n'y aura en Europe d'autre « équilibre que celui qu'il plaira à ce cabinet d'y « établir. »

En effet, la France est le gage garant de tous les traités, l'intervention nécessaire dans toutes les alliances, et l'écueil de toutes les prétentions. Ses flottes et ses armées sont par-tout ; elle les porte dans son sein. Les Souverains de l'Europe devoient donc craindre l'affoiblissement politique de la France, bien plus qu'ils ne devoient rédouter ses conquêtes.

Depuis la découverte du nouveau monde, la mer est entrée en partage de puissance avec la terre, et a changé d'une manière relative l'influence de tous les Etats. Mais, heureusement pour l'Europe, la France est le seul Etat qui puisse être, impunément et à la fois, une grande puissance continentale et une grande puissance navale.

Louis XIV avoit sentit dès les premières années de son règne, la nécessité d'une Marine pour une Nation, dont la moitié du territoire est baignée par la mer. Les Ordonnances de 1689 et l'état maritime de 1692 avoient étonné l'univers ; et tels sont

les prodiges de certaines époques de ce règne, que
toutes les nations maritimes et commerçantes ont
puisé leurs réglemens dans les codes de ce souverain , et que la Grande-Bretagne elle-même peut
soutenir à peine et momentanément des forces
navales aussi imposantes que celles de la France,
vingt-cinq ans avant la mort de Louis XIV.

Malheureusement ce Monarque avoit forcé, dans
le même temps, les arts, l'industrie et le commerce,
à s'expatrier. Les erreurs de sa vieillesse enrichis-
soient tous les Etats de l'Europe des pertes de son
Royaume. Ses sujets portoient tout le fardeau de
sa gloire ; et ils s'épuisoient chaque jour davantage,
pour couvrir et pour protéger les dernières années
du règne le plus brillant et le plus long de la Monarchie.

Le Régent et son petit - neveu occupèrent le
trône, mais ils ne régnèrent pas ; et si quelques
mois de la jeunesse de Louis XV, si quinze ans de
la sage Administration d'un vieillard éclairé n'eussent point ménagé encore un certain éclat à la
France, et n'eussent pas réparé une partie de ses
maux, ce Royaume, presque effacé il y a quarante
ans de la liste des grandes Puissances , eut éprouvé
dès lors de funestes déchiremens.

Son jeune et dernier Roi prit les rênes dans des
conjonctures qui demandoient un homme consom-
mé dans la science du Gouvernement ; et jamais
éducation n'avoit été plus politiquement vicieuse
que la sienne. Les idées nouvelles, sans le frein nécessaire qu'elles doivent recevoir d'une grande sa-

gesse ou d'un grand caractère, l'avoient seules formé. Le partage de la Pologne, la guerre impolitique de 1778, la trop facile paix de 1783, le traité de Commerce dont cette paix ne put préserver la France, le lâche abandon dans lequel fut laissée la Hollande, toutes les foiblesses intérieures, une succession de Ministres légers, cupides ou pervers, toutes les causes enfin dont j'ai parlé dans le premier paragraphe, achevèrent de perdre l'Etat, après avoir ôté à la puissance toute force au dedans, toute considération au dehors. Ce fut dans ces circonstances qu'elle eut à essuyer les dissentions intérieures les plus sanglantes, dont les Historiens fassent mention.

Il fut douteux si la France, comme la Pologne, ne deviendroit pas le champ de bataille des Puissances qui projetoient son envahissement et son partage. Mais la violence de son Gouvernment et le courage de ses Habitans sauvèrent l'État, reconquirent la France, et fondèrent un système nouveau de politique, d'alliances et de pouvoirs.

La principale cause d'un résultat aussi inattendu se trouve cependant dans la nature même des choses. La force de l'Europe est placée dans les Gaules : c'est dans les Gaules que César trouva les moyens de gouverner sa patrie et de maîtriser le monde ; et dans tous les temps le Souverain des Gaules aura un grand ascendant en Europe. L'heureuse situation de cette contrée, la température de son climat, la connexité de son territoire, sa fertilité, ses fleuves, la forte enceinte de ses mon-

tagnes et de ses mers , le caractère de ses Habitans,
toutes les causes physiques et morales, font de cette
portion de l'Europe le centre de la richesse et de
la force réelles. Là rien n'est accidentel ni fortuit ;
là tout est fondé par la nature, et ne peut pas plus
varier qu'elle.

Le commerce au contraire change de régions et
de peuples, et présente dans chaque siècle un nouveau tableau de l'inconstance de la richesse des
Nations comme de la fortune des individus. Le
commerce fait d'un écueil un port tranquille, et il
rend les plus belles rades inutiles à leurs maîtres.
Il fertilise des sables, élève des palais dans un dé-
sert, et il abandonne le sol le plus fertile et les
climats les plus favorisés : la Grèce n'est peuplée
que de ruines, elles manquent même à Carthage ;
et le limon de la Hollande est affaissé sous le poids
des richesses du globe, elles y ont trompé la nature : des forêts et des villes sont sorties du sein
des mers.

Gênes, Venise, Lisbonne, Cadix, Amsterdam
même, ne sont aujourd'hui que de grandes villes ;
et elles furent, ainsi que Tyr et Alexandrie, les
reines du commerce. Londres, dont on ignoroit
l'existence du tems des Scipions, la Grande-Bretagne, dont on ne savoit pas encore sous les premiers Empereurs de Rome, si c'étoit un continent,
si c'étoit une île, l'Angleterre comptée à peine
dans le nombre des puissances du troisième ordre
jusqu'au siècle d'Elisabeth, est devenue maîtresse
de toutes les mers. Elle a fondé, par un commerce

guerrier, des Empires aux extrémités de l'Orient ; *latum sub pectore possidet æquor.* Il y a trois siècles, les navires, égarés par la tempête, alloient se briser sur les côtes désertes d'Albion ; aujourd'hui tous les pavillons et tous les peuples enrichissent ses rades. Mais tout porte à croire, et disons même à espérer, que la Grande-Bretagne fournira à nos neveux un grand et nouvel exemple de l'instabilité de la richesse commerciale, et que nos neveux verront la France réparer toujours et glorieusement les fautes ou les pertes de ses maîtres.

Smith a fait un excellent traité de la richesse des nations. Mais il semble que cet écrivain estimable n'ait point voulu dire que l'excès du commerce en est toujours l'apauvrissement, comme l'excès de la puissance en devient le terme. Le commerce découvre, augmente les richesses d'un État, mais il ne les fonde pas. Le commerce a des résultats infiniments avantageux, mais son esprit est souvent nuisible. Le commerce tend à effacer toutes les idées libérales, et finit toujours par mettre l'intérêt à la place de l'honneur. En un mot, la puissance réelle est dans le territoire, et non pas dans la manufacture.

Sans avoir l'amour propre de prononcer entre les noms de Sully et de Colbert, je prie qu'on me permette de dire que le commerce sera toujours utile à un État, lorsqu'il se trouvera lié à l'institution politique, aux mœurs et aux habitudes de la Nation, lorsqu'il jouira d'une liberté et d'une protection sagement restreintes, lorsque les riches commerçans se trouveront en quelque sorte forcés de devenir *propriétaires*.

Il n'est peut-être pas inutile d'entrer dans ces détails, puisqu'on voit le monde politique partagé entre l'Angleterre et la France. L'une combat pour fermer toutes les mers, et l'autre pour les ouvrir. L'un ne peut confier un vaisseau à l'Océan, l'autre ne peut descendre un bataillon sur le Continent. C'est le combat du lion et de la baleine ; et de ce combat doit dépendre le sort du monde.

Si les Souverains connoissent les véritables intérêts de leur couronne et de leurs peuples, s'ils consentent à les aimer assez pour assurer leur repos et leurs propriétés, ils sentiront enfin toute l'urgence des circonstances présentes, et ils se pénétreront de la grande nécessité de fixer le système maritime-politique de l'Europe.

Sous ce rapport, la République Française devient l'espérance de l'Europe, comme elle est sa principale force.

« Aujourd'hui l'Europe est si mêlée ; il y a une
« telle communication de ses parties, qu'il est vrai
« de dire que celui qui fait la félicité de l'une, fait
« encore la félicité de l'autre ».

Aujourd'hui le système de l'équilibre et des alliances est changé, et il faut chercher la raison d'Etat dans la nouveauté ; j'ai presque dit, dans l'inflexibilité des circonstances. Il ne faut plus regarder le passé ; rien dans le monde ne sauroit le reproduire.

Lorsque le général Bonaparte prit les rênes de

l'Empire français, l'Europe étoit pleine de prétentions, de brigues, de projets, d'espérances,
de craintes. Les souverains évaluoient la puissance
qu'ils avoient perdue, ou celle qu'ils desiroient
acquérir, par l'argent qu'ils exigeoient. Tous les
gouvernemens avoient dédaigné l'alliance de la
République française, et ils trembloient à l'ap-
proche de ses armées; ils avoient repoussé une
paix encore honorable ; ils couroient au devant
d'un traité nécessaire. L'Allemagne qui supporte
tant d'états foibles et incohérens, se trouvoit
ouverte de toutes parts, et le général Bonaparte
pouvoit plus aisément rétablir l'empire de Char-
lemagne, que ce grand prince n'avoit éprouvé de
difficulté pour le fonder.

Dans des circonstances où l'amour propre et
l'ambition d'une nation s'égarent si facilement,
le cabinet des Thuilleries a offert un grand exemple
de modération et de saine politique. Le gouvernement Consulaire a bien pris toutes ses sûretés,
mais il n'a point négligé celle des puissances
alliées, neutres ou ennemies. Il a prévenu la ruine
du corps germanique ; il s'est montré aussi jaloux
de la tranquillité politique de ses membres, que
de la sienne propre ; et au lieu d'éterniser la
fixation et le partage des indemnités, au lieu
d'ouvrir avec la politique de Louis XI ou de Ri-
chelieu, une source intarissable de divisions et de
guerres intestines en Allemagne, il a interposé
sa médiation avec celle de la Russie, pour assurer
promptement, et d'une manière durable, la paix
continentale en Europe.   Cette

Cette politique est celle de la grandeur et de la force. Aussi le traité de Lunéville, qui a dû devenir forcément, par rapport à la République française, ce que le traité de Munster avoit été librement par rapport au royaume de France, peut-il être considéré comme le fondement du nouveau droit public des puissances Européennes ?

Des électeurs ont été créés ; des maisons souveraines se sont établies ; des états ecclésiastiques ont été supprimés ; des villes impériales sont devenus sujettes, et cependant les lois fondamentales du corps germanique ont reçu une nouvelle sanction et même une nouvelle force, de l'acte suprême qui a modifié l'association générale. Les traités de 1648 avoient bien reconnu des puissances nouvelles, et affacé d'anciens droits, sans altérer la grande charte de la féodalité germanique.

Après une guerre sanglante et malheureuse, l'Autriche s'est fortifiée de nouvelles provinces contigües à son territoire ; elle n'a perdu que les pays onéreux, pour elle, de la maison de Bourgogne. Elle a acquis un littoral précieux, les élémens d'une marine, une grande augmentation de moyens pour son commerce intérieur. La Prusse a augmenté sa population ; elle a rapproché les différentes parties d'un territoire foible, divisé et presque séparé du corps de sa monarchie. La province d'Ooest-Frise, acquiert une importance, que les victoires de Frédéric II n'avoient pu lui donner ; et les provinces, enclavées dans le cercle du Rhin et dans la Franconie, prennent une

C

consistance réelle. L'Autriche et la Prusse ont rangé autour d'elles leurs auxiliaires et leurs alliés , d'une manière conforme à la réciprocité des intéréts et à la rivalité de puissance. La Bavière est devenue véritablement et avec sûreté, ce qu'elle doit être en Allemagne et dans le corps germanique, pour l'équilibre de cette partie de l'Europe ; et, sur toute la frontière du nord, depuis la mer Baltique jusques à la mer Adriatique, la France s'est placée dans une situation, qui arrête le fort, protège les foibles entr'eux, ne leur laisse craindre aucune ambition de sa part, et les garantit promptement contre celle des grandes puissances environnantes.

L'Helvétie a recouvré son indépendance, sa liberté et le seul système politique que comportent ses intéréts réels ; ses rapports naturels, nécessaires avec la France, deviennent ceux du bon voisinage et de la confiance politique : ils laissent le peuple suisse sans aucune inquiétude sur les rives du Rhin. Ce peuple a trouvé dans l'*acte de médiation* la fin d'une guerre déplorable pour tous les vrais amis de la liberté ; il peut du moins se reposer de sa tranquillité et de sa prospérité intérieure sur l'invincible garant de cette médiation.

L'Italie supérieure a changé d'Etats et de Constitutions. Mais la France, long-temps attaquée en deçà des Alpes et toujours poursuivie au-delà par les Ducs de Savoye et par la Maison d'Autriche, la France se devoit à elle-même une grande sûreté dans sa frontière orientale ; elle l'a trouvée en créant une République et un Roi , qui ne peuvent guères se réunir contr'elle , et qui peuvent encore moins se combattre entr'eux. La France a mis fin aux guerres de Louis XII et de François Ier ; elle a sagement renoncé à tous leurs droits, sans renoncer aux fruits de ses victoires ; elle a préféré de garder les clefs , plutôt que de les confier au foible ou au puissant ; et l'on peut dire , sans crainte d'être accusé de partialité , que cette conduite du Cabinet des Thuileries assure le repos de l'Italie.

L'Italie cette presqu'ile, où toutes les puissances abordoient pour tenter un établissement ou pour consommer une usurpation , l'Italie comme la Flandre , étoit le théâtre de toutes les guerres , et tous les souverains la couvroient alternativement de meurtres et de brigandages , pour en ravir toujours la possession à leurs rivaux. De grands pretextes de guerre ont été écartés. Rome et son souverain spirituel doivent tous deux leur existence à la France et à la Russie ; le Royaume de Naples ne craint rien de sa foiblesse intérieure , et conserve la possession de la fertile Sicile; et toute cette partie de l'Europe, que les Alpes n'en sépareront plus désormais, semble destinée à jouir des douceurs d'une longue paix , sous l'inévitable garantie de la République Française.

L'Espagne a retrouvé , ainsi que la Porte Ottomane , un allié puissant, naturel et sincère dans le Gouvernment françois. Ces deux Etats si vastes , si foibles et si vieux , n'ont presque point souffert des pertes de la guerre , sous le rapport de leur puissance réelle ; et s'il est vrai de dire que les Indes ne tiennent plus aujourd'hui qu'à un fil, et que le détroit des Dardanelles ne soit plus qu'un passage, il est encore plus vrai d'assurer que le Cabinet des Thuileries peut seul garantir les mers du Sud et les mers du Levant, et qu'il promet à leurs souverains la toute puissance de sa protection et la générosité de sa force.

Dans le Nord, un Empire plus vaste que tous les États réunis de l'Europe, offre tous le contre-poids de sa masse au monde politique comme au monde physique. Une pensée de Pierre I avoit donné à la Baltique un maître nouveau. En créant Pétersbourg, ce souverain plaça la Moscovie au centre de l'Europe ; mais il précipita son ouvrage, peut-être pour jouir de toute sa gloire. Les Académiciens et les Philosophes entrèrent avec lui à Pétersbourg ; les théâtres y devinrent les contemporains des lois ; et de crainte que les Russes ne fussent pas assez tôt des Européens, on se hâta d'en faire des François.

Heureusement pour l'Empire Russe, le Grand-Czar règne toujours sur les bords de la Néva. Il a donné de grandes Reines à l'État ; il inspire le souverain qui le gouverne de nos jours. Ce souverain, à un age qui n'offre souvent que des espérances dans les conditions privées, fait déja, sur le second trône de l'univers, la félicité de trente-six millions d'hommes. Il essuie toutes les larmes, fait cesser toutes les injustices, dépeuple toutes les prisons, se soumet lui-même aux lois qu'il donne à ses sujets ; et comme si cette ame, véritablement royale, n'avoit pas assez du bonheur de ses peuples , elle se montre jalouse d'assurer le repos du globe. On diroit qu'Alexandre a pris l'engagement de partager avec Bonaparte la plus rare de toutes les gloires , la moins recherchée et la plus difficile à mériter.

La Suède et le Dannemarck n'ont plus de rivalités à craindre, et peuvent tout espérer des jeunes Rois qui les gouvernent, si ces Princes sentent, comme ils le doivent, combien il importe à leur repos, à leur commerce, à leur navigation, de se réunir avec franchise, de cultiver la bienveillance de la France, de s'allier à l'Empire de Russie, et de lui redemander cette neutralité armée, que Catherine sut faire respecter à l'Angleterre.

On peut remarquer déjà , avec une certaine vérité, que l'établissement de la république des Sept Isles prépare un avenir heureux pour l'Archipel de la Grèce; et sans chercher à pénétrer l'avenir, on ne sauroit s'empêcher de reconnoître que les mers du Levant jouissent d'une sorte de liberté, depuis que le pavillon Russe s'y déploie : l'Angleterre est là moins tyrannique qu'ailleurs.

On trouve toujours l'Angleterre, lorsqu'on parle du despotisme des mers. L'Angleterre possède exclusivement celles de l'Inde, maîtrise tout l'Océan Atlantique, et a déjà un bras dans la mer du Sud. Tout ce qui assure ou facilite la navigation des peuples, tout ce qui offre des ressources ou des stations dans cette périlleuse profession : les môles, les promontoires, les îles sont devenus entre ses mains des moyens d'attaque et de spoliation contre tous les peuples. Encore quelques années, et les États-Unis d'Amérique montreront eux-mêmes le génie de leurs ancêtres Européens, et rempliront le Nouveau Monde de guerres maritimes et commerciales.

Et c'est, lorsque tous les États sont menacés de la perte successive de leurs colonies, que l'Angleterre veut leur enlever en Europe jusqu'aux élémens de leur commerce intérieur! C'est avec des vues aussi insolemment manifestées qu'elle refuse *à l'Europe* la restitution de l'île de Malthe, et qu'en Afrique elle se place en sentinelle aux bouches du Nil! C'est avec les projets d'une paix toujours hostile, d'une piraterie sans cesse renaissante, qu'elle entre dans le Congrès Européen, veut en dicter les lois, et prétend en méconnoître l'autorité! C'est lorsque tous les États de l'Europe, rassasiés de larmes et de sang, sont enfin rendus à eux-mêmes par la plus difficile et la plus sage de toutes les paix, qu'un seul État vient se placer hors du droit des gens, et même hors de la civilisation, afin de r'ouvrir plus sûrement toutes les sources de calamités et de guerres!........ Certes, c'est bien ici la cause de l'humanité, non moins que la cause de la souveraineté, que tous les États sont appelés à défendre contre l'Angleterre, et tous les gouvernemens devroient joindre leurs efforts aux armes de la France, puisqu'elle n'a d'autre désir que celui de soutenir leurs droits.

Que prétend le cabinet des Thuileries? Que la France soit maîtresse de ses ports et de ses îles, que les Nations Européennes jouisssent librement de leurs droits maritimes et des avantages que la nature leur accorde ; que la Grande - Bretagne exerce son commerce, et n'enchaine pas celui de tous les peuples. Veut-t-on bouleverser l'Angleterre, incendier ses propriétés, renverser son gouvernement? On veut que le ministre anglais n'envahisse pas les propriétés, et ne cherche pas à détruire ou à agiter le gouvernement de tous les peuples. On veut tout ce que les véritables Anglais désirent au fond de leur cœur, une paix réelle, solide, également avantageuse pour deux peuples qui sont faits pour s'estimer et s'apprécier réciproquement. Le Gouvernement Français veut fixer le repos de l'Europe ; il ne peut voir sans inquiétude et même sans regret la nation Anglaise, cette nation estimable, libérale, valeureuse, et qui renferme tant d'hommes recommandables, sacrifier ses richesses et son industrie, compromettre son honneur et son existence pour assouvir l'ambition d'un ministre aveuglé par ses propres passions. Car enfin, aussi long-temps que de tels ministres gouverneront, y a-t-il une seule nation qui puisse se flatter d'une paix assurée, si cette paix ne paroît pas favorable aux intérêts *exclusifs* de la Grande-Bretagne ? Y a-t-il un souverain qui puisse se promettre un règne tranquille, si la politique anglaise a la fantaisie de le troubler? Y a - t - il un seul commerçant, qui puisse se livrer sans crainte à de grandes spéculations, si la manufacture britannique veut les contrarier?

C 4

Copenhague a été bombardée ; Stockolm et Pétersbourg ont craint le même sort ; le Roi de Sardaigne
est sans Etats , et l'île , que lui donne son nom, ne
peut même lui servir de retraite ; les Anglois la lui
marchandent , n'osant pas la lui ravir ; plusieurs
Princes d'Allemagne ont perdu leurs souverainetés ;
la maison d'Autriche a été menacée jusque dans sa
capitale , après la reprise des hostilités ; le Portugal
s'est vu au moment d'être effacé de la liste des puissances ; et tant de revers n'ont eu qu'une même
cause : de ces Etats , les uns avoient reçu les sub-
sides et écouté la politique de l'Angleterre , les
autres ne vouloient point reconnoître sa suprematie
maritime , et tous , en s'éloignant de la France ,
avoient méconnu leurs véritables intérêts et violé
les règles de cette politique sage et conservatrice ,
qui leur prescrit de ne pas être à contre - temps les
alliés de l'Angleterre , ou les ennemis de la France.

En effet , la République Batave ne doit-elle pas
attendre de la France , et de la France seule , la
conservation de son commerce d'Europe et de ses
possessions d'Asie ? Alliée ou ennemie de l'Angleterre, la Hollande n'a-t-elle pas fait cause commune
avec la France ? L'Espagne peut-elle chercher ailleurs
que dans le Cabinet des Thuileries, un allié sincere,
un protecteur , qui lui devient tous les jours plus
nécessaire en Amérique, et qui ne peut lui causer
en Europe la défiance la plus légère ? Le Portugal ,
toute Auglaise que soit en Europe cette Monarchie,
ne seroit-il pas contraint de fuir dans le Brésil,
s'il n'observoit point les traités qui le lient à la

France? La Russie ne doit-elle pas desirer, peut-elle jamais. craindre l'intervention maritime de la France dans les mers du Nord et dans les mers de la Grèce? Celles-ci n'attendent-elles pas les bénéfices de leur commerce et la tranquillité de leurs rades du pavillon français? Le golfe adriatique, les côtes de Toscane et celles de la Ligurie, peuvent-elles desirer un pavillon plus ami? L'Ordre de Malthe, peut-être le plus respectable de l'Univers, parce qu'il contribuoit à entretenir l'honneur et la bravoure dans les nations où il étoit répandu, cet Ordre n'a-t-il pas été établi par le gouvernement français, et d'une manière bien moins favorable aux intérêts de ce gouvernement qu'aux intérêts des nations européennes? L'Egypte n'a-t-elle pas été conservée à la Turquie, et la Turquie n'est-elle pas elle-même *conservée à l'Europe* par la sage politique de la République Française? Quelle est enfin en Europe la nation pour laquelle le puissance navale de France puisse ne pas être un bien, pour laquelle la tyrannie maritime de l'Angleterre puisse ne pas être un mal?

Lors du traité d'Amiens, dans ce grand traité où le Citoyen J. Bonaparte discuta, avec une sagesse et une modération bien remarquables, les intérêts de son Gouvernement, la France fut maintenue dans la possession de la partie espagnole de l'Isle de Saint-Domingue. Ce monceau de ruines et de cendres n'appartient même plus à la Métropole, et les Anglais sont parvenus à y faire oublier la barbarie des anciens conquérans des deux Indes.

Mais en supposant que la plus belle des Antilles fût demeurée française, il est douteux que la France eût trouvé un certain accroissement de puissance ou de commerce dans l'acquisition de la partie espagnole, dont la non-culture, les pâturages, et l'indolence des habitans étoient si précieu pour la colonie française, qu'ils lui étoient devenus nécessaires. La France n'a pas exigé une seule rade en Amérique ou en Asie ; elle s'est contentée d'y procurer à ses sujets les avantages d'un commerce partagé par tous les Peuples, et loin de causer qcelque inquiétude au Maître ou aux Voisins du Golfe du Mexique, elle a cédé la Louisiane aux Etats-Unis. Cette conception d'une politique, profonde, n'est peut-être pas appréciée en Europe sous ses véritables rapports. Je ne craindrai cependant pas de dire qu'à l'exception de l'Angleterre, dont cette cession ne contrarie même que le despotisme maritime, toutes les Nations doivent y trouver des avantages réels et de véritables motifs de reconnoissance envers le Gouvernement de France.

Le Gouvernement Anglais avoit fait une paix utile et même lucrative. Le possession de l'île de Ceylan, de l'île de la Trinité, est peut-être ce que l'Angleterre a obtenu de plus important depuis cent ans. Le seul port de l'Inde, celui qui ferme le Golfe du Bengale, et couvre les deux côtes de la presqu'île la plus riche de l'Univers, celui qui rend maître du commerce des épiceries, et donne de si grands avantages dans le commerce de la Chine ; ce port et cette île si précieuse par elle-même, n'ont

pas satisfait l'avidité britannique. L'île de la Trinité
dont la fertilité est encore vierge, dont la situation
est unique pour le commerce interlope de l'or et
de l'argent ; cette île ne rassasie pas encore la cu-
pidité anglaise. *Il faut* que les Anglais seuls vendent,
achètent, et s'enrichissent dans les quatre parties
du Globe. *Il faut* que toutes les nations se déclarent
esclaves, et que tous les atteliers se ferment. *Il faut*
que tous les peuples se ruinent et s'égorgent, pour
que l'Angleterre conserve l'empire de la mer, et
agite sans cesse le Continent !.....

Je me résume. La France est le seul État qui
puisse contenir le despotisme maritime de la
Grande-Bretagne : la France est le seul État qui
puisse répondre à l'Europe de sa tranquillité. Tous
les Souverains ont un intérêt direct à joindre leurs
forces maritimes à celles de la France, et à main-
tenir le systéme politique continental établi maintenant en Europe. Toutes les Nations doivent desirer l'exécution pleine et entière du traité de Lu-
neville et du traité d'Amiens ; et les citoyens de
tous les États doivent faire des vœux pour la stabilité du Gouvernement de Bonaparte.

Il ne s'agit plus aujourd'hui, pour les Nations
comme pour les individus, de regretter le passé,
mais de conserver le présent, et de se ménager
l'avenir. Les anciennes possessions et les titres anciens peuvent être consultés par l'Histoire ; mais la
politique doit renoncer à les interroger. Les regrets
même sont ici des dangers. Un homme est devenu
l'arbitre suprême, nécessaire, irrévocable des des-

tinées publiques ; et le monde est *entraîné par un mouvement irrésistible*. Cet homme veut le repos de toutes les Nations ; il veut le bonheur de son Peuple. La Nation Française lui doit à jamais reconnoissace et amour ; les Nations étrangères doivent contribuer de tous leurs moyens à la stabilité de son Gouvernement et à la conservation de son Empire.

FIN.